BRUNO

POUPIE

JEANNE & MICHEL

DOÏSKA, CARO & FRANÇOISE

CATHY, MATH, JB, MANU, RAPHAËL, OLIVIER & MARIE

CHA, TITOU & SOPHIE

MARIE, MÉLANIE, CARO, EMMA JULIE & BRUNE

LOUISE, MARGUERITE & ROSALIE

CARO & JULIE

JULIETTE & MARTIN

FAMILLE SUAREZ

JUSTIN & ÉTIENNE

MOI QUI L'AI FAIT POUR TOI

Département éditorial Art de vie
Directrice éditoriale : Laure Aline
Éditrice : Agathe Masson
Fabrication : Carine Ruault

Conception et réalisation graphique : La bonne adresse

Connectez-vous sur :
editionsdelamartiniere.fr
Instagram : @lamartiniere.cuisine

ISBN : 979-10-401-1148-1

Caroline Suarez

MOI QUI L'AI FAIT POUR TOI

—

40 recettes de famille

Avant-propos

« Mange chérie, moi qui l'ai fait pour toi... »

Prononcée par Mamie Zette lorsque que nous refusions de nous resservir, cette phrase volontairement culpabilisante est restée gravée dans ma mémoire. Elle dit bien l'importance qu'avaient ces repas, l'importance de les partager bien sûr, mais aussi de les préparer.

À nos grands-mères chéries.
À nos indispensables mamans.
À nos enfants adorés.
À tous ceux qui suivront.
À notre grande et belle famille, en souvenir de ces mille festins partagés.
Merci à tous d'avoir participé à ce projet qui mijote depuis longtemps.
Au fil des textes et des images, ces recettes sont un appétissant prétexte pour convoquer les souvenirs et les convives autour d'un bon petit plat.

Caroline Suarez

MATH
MATH
L'Originale

AU MENU

Les bons petits plats

Fouras, le Pradou, Mazamet, Lit-et-Mixe, Toulouse, Puerto, Boutlélis, Hossegor, les tables de fête ou de tous les jours, les baptêmes, les communions, les anniversaires, les départs et les retours. Les grands-parents, les vacances, l'enfance, la jeunesse, les cousins, les copains, les parents, nous et nos petits et grands bonheurs.
À la poêle, en cocotte, au gril ou à la vapeur, à la plancha ou au barbecue, en papillote ou au court-bouillon, à chacun sa recette, à chacune sa façon. Tous ces bons petits plats qui nous accompagnent au fil des jours ont eu envie de venir nous faire un petit bonjour en souvenir de nos joyeuses tablées.

Françoise, la maman

Les petits bonheurs

Je ne connais pas la recette du bonheur, mais je connais quelques recettes de petits moments de bonheur que l'on peut vivre, sentir, partager.
Par exemple, prendre un petit déjeuner avec du bon pain au lever du jour quand tout est paisible. Partager un saucisson, un camembert et un coup de rouge avec des amis, se régaler d'un bout de fromage seule au bord d'un chemin de randonnée. Voir la mer comme si c'était la première fois, éprouver un bien-être infini après un bel effort physique. Boire le p'tit café du matin en lisant le journal dans un bar de quartier un peu cracra où se côtoient retraité, commerçant, éboueur, syndicaliste et notable. Ce petit monde refait le monde.
Un moment de bonheur, c'est simple comme une boîte de sardines avec une petite ficelle croustillante à déguster sur la plage, un souvenir merveilleux de mon enfance.

Martine, la belle-maman

Sommaire

OLIVE
beurre
DEMI SEL
GROS
SEL
CURCUMA

SALÉ

HUILE
Tapioca
FARIN
blé d'or
château
NEUF

Milanaises alla Martin

« Je vous propose, à travers cette recette, des escalopes milanaises au moins aussi bonnes qu'à L'Océanic, mais avec l'amabilité en plus. Tout commence par une aventure chez le boucher où il faut lui spécifier de couper les escalopes de veau très finement. Je vous passe l'épisode du lavage de mains (hey Covid-19) et on se lance ! »

INGRÉDIENTS POUR 4 PERSONNES

4 escalopes de veau

4 œufs

Chapelure

Farine

Parmesan

Une noix de beurre

Huile d'olive

1. Tout d'abord, aplatir les escalopes à l'aide d'un rouleau à pâtisserie de manière à obtenir quelque chose de plus fin encore que les vannes de Charlotte.

2. Ensuite, disposer 3 assiettes creuses sur votre plan de travail : mettre de la farine dans la première, 4 œufs battus dans la deuxième (compter 1 œuf par personne) et dans la dernière, c'est là que la « Pujo touch » intervient : un mélange de parmesan et de chapelure.

3. Pour continuer et c'est là une étape cruciale de la recette : recouvrir les escalopes de farine puis faire 2 allers-retours entre les œufs battus et le mélange parmesan chapelure.

4. Placer les escalopes au frigo pendant 10 minutes et commencer à faire chauffer les poêles en y ajoutant un mélange de beurre et d'huile d'olive (l'huile d'olive empêchera le beurre de brûler !).

5. Sortir les escalopes du frigo et les saisir, le feu au maximum. Ensuite, baisser le feu afin d'obtenir une bonne cuisson et une chapelure bien dorée !

6. Pour accompagner, des spaghettis cuits *al dente* revenus dans le jus de veau à la poêle. Un verre de rouge n'est pas déconseillé !

Martin

Le sauté de veau de Malou

« Idéal pour réchauffer les cœurs, ce plat réconfortant se prépare à l'avance et peut être conditionné en bocal. »

INGRÉDIENTS POUR 4 PERSONNES

1 kg de sauté de veau pas trop gras

1 oignon

1 bouquet garni

6 carottes

1 paquet d'olives vertes dénoyautées

1 boîte de 250 g de champignons de Paris

1 cuillerée à soupe de farine

1 grand verre de vin blanc sec

1 cuillerée à café de fond de veau

1 grain d'ail

1 cuillerée à soupe d'huile d'olive

1 cuillerée à soupe de crème fraîche ou 1 cuillerée à café de concentré de tomates

Sel, poivre

1. Dans une cocotte, faire chauffer l'oignon émincé dans l'huile d'olive, faire dorer les morceaux de veau, saler légèrement, poivrer.

2. Quand les morceaux sont dorés, saupoudrer avec la farine, remuer pour bien la répartir et mouiller avec le vin blanc. Remuer. Ajouter le grain d'ail coupé en lamelles et le bouquet garni.

3. Faire cuire à feu vif 5 minutes.

4. Rajouter de l'eau pour couvrir la viande et diluer le fond de veau dans la sauce. Couvrir et laisser cuire à feu moyen pendant 30 minutes en évitant une trop forte ébullition. Remuer de temps en temps.

5. Gratter les carottes et les couper en bâtonnets. Au bout de 30 minutes, ajouter les carottes et de l'eau si nécessaire (la viande doit rester couverte) et laisser mijoter encore 30 minutes.

6. Rincer les olives à grande eau pour les dessaler. En fin de cuisson, ajouter les champignons égouttés et les olives.

7. Lier la sauce avec la crème fraîche ou le concentré de tomates et rectifier l'assaisonnement si nécessaire. Laisser chauffer 5 minutes à feu doux.

Malou

OLIVE
Crème Fresh'

PETIT SUISSE
PETIT SUISSE

Le chou farci de Françoise

« À déguster en toute saison chaud ou froid avec des légumes, des condiments, une sauce tomate ou une sauce gribiche. Ce plat apporte chaleur, tendresse et réconfort... »

INGRÉDIENTS POUR 4 PERSONNES

1 gros chou vert

350 g de chair à saucisse

2 tranches de pain de campagne

1 petit-suisse

Ail et persil

Sel, poivre

1 petit verre à liqueur de porto

Pour le bouillon : 1 oignon piqué d'un clou de girofle, 1 carotte, 1 ou 2 litre(s) de bouillon de volaille dégraissé selon la présentation choisie, sel, poivre.

1. Faire blanchir le chou dans une cocotte remplie d'eau bouillante citronnée pendant 15 minutes. Égoutter, jeter l'eau, laisser refroidir.

3. Préparer le bouillon qui sera utilisé pour la cuisson du chou. On peut y ajouter des légumes (carottes, navets, poireaux...) qui serviront pour l'accompagnement. Dans ce cas, filtrer le bouillon et réserver les légumes.

3. Dans un saladier, mélanger la chair à saucisse, le pain finement émietté, le petit-suisse, l'ail et le persil hachés, et le verre de porto. Saler, poivrer, bien mélanger. Donner un coup de mixeur si nécessaire.

4. Deux présentations possibles :

Chou entier
C'est la plus jolie mais la plus délicate à réaliser car il faut ficeler le chou, sauf si on a une résille à rôti pour tenir le chou auquel cas, aucun problème.
– Prendre le chou entier et l'effeuiller en 3 parties autour du cœur sans détacher complètement les feuilles et en conservant les premières feuilles pour le recouvrir.
– Garnir avec la moitié de la farce autour du cœur, recouvrir avec les feuilles suivantes sur 1 bon centimètre d'épaisseur.
– Garnir avec l'autre moitié de la farce et refermer le chou.
– Recouvrir avec les feuilles réservées, ficeler ou enfiler la résille si on a la chance d'en avoir une (si on connaît un boucher, un charcutier, un chirurgien, un podologue ?).
– Plonger dans le bouillon et laisser cuire à feu vif pendant 1 heure. Réserver le bouillon pour réchauffer les légumes s'il y a lieu.

Choux individuels
– Effeuiller le chou. Répartir les feuilles en 4 parts égales selon la taille des feuilles.
– Garnir avec la farce et reconstituer 4 choux.
– Ficeler. Plonger dans le bouillon et laisser cuire à feu vif pendant 45 minutes. Réserver le bouillon pour réchauffer les légumes s'il y a lieu.

Françoise

Les huîtres, recette anonyme

« Comment éviter d'ouvrir les huîtres quand on dîne chez sa sœur. Toute ressemblance avec des personnages ou événements existant ou ayant existé serait purement fortuite. »

Prendre un beau-frère un peu gras, naïf et très sensible à la flatterie. Se plaindre en permanence de sa maladresse constatée depuis la plus tendre enfance, pousser cette idée jusqu'à faire semblant de mal jouer au golf, au tennis, au squash, etc. et d'une manière générale être inapte à toute activité, autre qu'intellectuelle, nécessitant un minimum de coordination dans le geste. En parallèle à ces plaintes habilement répétées, flatter le beauf par des : « Mais que tu es adroit », « Que tu joues bien au golf » (ne pas aborder le sujet « huître ») ponctuer par des « Tu as de la chance, je n'y arriverai jamais » etc. et laisser faire le temps…

Le beauf, gras, naïf, sensible à la flatterie est con (car tout beau-frère l'est obligatoirement) mais généralement gentil. Il va vous proposer de lui-même de pallier vos défaillances et notamment pour la fameuse séance « d'ouverture des huîtres »… convaincu lui-même que s'il ne le fait pas, personne ne le fera. Débarrassé de cette corvée , arriver chez le beauf avec une (ou deux) bouteilles de bon vin, et s'extasier devant le plateau d'huîtres servies. La complicité de la conjointe n'est pas nécessaire (elle s'en fout, elle n'en mange pas) ni celle de la conjointe « au beau-frère », ci-devant la sœur « au docteur » dont l'honnêteté de jugement en la matière serait hautement suspecte et improductive.

Recette à utiliser les mois en R.

N.B.: L'auteur est conscient que flatter son beauf peut être très pénible mais c'est absolument nécessaire pour réussir cette recette… le bon vin aussi.

B.S.

POULET DES Landes
ELEVES EN PLEIN AIR
Neinenen
LE POULET A LA BIERE DE MA GRAND MERE MALOU
Neinenen
I MISS YOU

Le poulet à la bière de Poupie

« Pour un poulet (moi j'utilise du poulet Label Rouge découpé du supermarché), je compte au moins 2 morceaux par personne. »

INGRÉDIENTS POUR 5 PERSONNES

10 morceaux de poulet Label Rouge

100 g de raisins secs

1 bouteille de bière

2 ou 3 oignons suivant la taille

1 cuillerée à soupe de sucre en poudre

Poitrine fumée
Celle du supermarché sous plastique car elle est coupée très fine. Compter une tranche par morceau de poulet.

Laurier

Huile et beurre

1. Mettre les raisins à tremper dans la bière pendant 1 heure.

2. Mettre les morceaux de poulet dans un plat en terre cuite ou en verre, séparés par la poitrine fumée : le mieux est d'entourer chaque morceau.

3. Couper sur le dessus les oignons en rondelles et mettre quelques feuilles de laurier.

4. Égoutter les raisins et les ajouter.

5. Mettre le sucre dans la bière et verser sur le plat.

6. Ajouter un peu d'huile et quelques noisettes de beurre.

7. Mettre au four chaud pendant 60 minutes au moins. Retourner les morceaux une fois en cours de cuisson.

Poupie

La quiche du dimanche de Sophie

« Cette recette a reçu le mention : **Meilleure quiche du monde. »**

INGRÉDIENTS POUR 4 PERSONNES

1 pâte brisée

1 boîte de lardons ou ceux du boucher

4 œufs de bonne qualité

50 cl de crème fraîche

2 grosses poignées de comté râpé

1 tour de moulin à poivre
En cachette des enfants qui ne l'aiment pas

1. Étaler une pâte brisée (sans additifs) dans le plat. Faire des petits trous à la fourchette.

2. La parsemer de petits lardons crus. En mettre suffisamment pour que toutes les parts en soient bien garnies.

3. Mélanger dans un saladier les œufs, la crème fraîche et le comté râpé. Privilégier le comté, bien plus goûtu que l'emmental !

4. Poivrer (sans que les petits enfants ne le voient et disent « je n'en veux pas car il y a du poivre »). Éviter de saler car les lardons et le comté salent suffisamment.

5. Faire cuire au four 25 minutes. Laisser un peu reposer dans le four éteint à la fin pour ne pas la servir trop chaude (et donc trop molle).

6. Servir avec une salade verte et la vinaigrette de Tonton Bruno (qui peut être remplacée par des tomates cerises pour les petits enfants).

7. Se régaler et en laisser, si possible, une part pour le petit déjeuner du lendemain matin ou l'apéro du lendemain soir car la meilleure quiche du monde est délicieuse froide.
Saliver jusqu'au dimanche suivant.

Sophie, Juliette et Martin

Le parfait
CURCUMA
GROS
Sel
POULET du GERS
Confiture d'oignons
OLIVES

Le poulet signature de Titou

INGRÉDIENTS POUR 4 PERSONNES

1 beau poulet du Gers

3 blancs de poulet en sus

4 citrons confits

1 citron

2 oignons blancs

2 oignons rouges

Olives vertes
Plus on en met, plus on en mange

Huile d'olive

Thym

1. Découper le poulet.

2. Dans une cocotte, faire dorer les oignons dans l'huile d'olive. Ajouter le poulet et le faire dorer.

3. Découper les citrons confits en 4 (enlever les pépins !).

4. Ajouter les olives (à foison), 4 zestes de citron, un jus de citron, le thym.

5. Couvrir d'eau et laisser cuire à 150 °C pendant 2 h 30.

6. Laisser reposer la nuit et recuire 1 h 30 à 150 °C.

7. Servir dans une assiette creuse (pour pouvoir saucer) et accompagner d'un riz sauvage.

Titou

Pot(es) au feu

Prendre les premiers frimas de l'automne, un dimanche gris.
Ajouter un petit crachin serait idéal.
Faire un bon marché avec des légumes de saison, de la viande de bœuf (la joue) et de veau (le jarret).
Rallumer votre chauffage et régler le thermostat pour atteindre une température chaleureuse.
Sortir un bon vin rouge racé et élégant (Corbières ou Languedoc), le goûter, cuisiner longtemps, prendre le temps, savourer le moment.

Convier amis, famille, tous ceux qui pimentent votre vie, qui lui donnent de la couleur, de la chaleur, de la saveur.
Le creuset de cette recette réside dans les ingrédients majeurs que sont le partage du moment autour d'une bonne tablée où l'on ne s'entend pas manger, le sel de la vie... la substantifique moelle d'être avec les siens !

N.B. : Surtout, laisser s'étirer ce repas, il est riche et précieux au point que le temps ne compte plus.

Étienne

LOUISE
Huile extra
HUILE D'OLIVE
Vierge Extra
Zimber
DEPUIS 1999
RORO
MATH
MATH
L'Originale
Marguerite
FROMAGE
RAPÉ

La tarte de Mathilde

INGRÉDIENTS POUR 4 PERSONNES

1 pâte à tarte feuilletée

2 grosses poignées de fromage râpé

2 grosses tomates cœur de bœuf

1 filet d'huile d'olive vierge

Sel de Guérande et poivre

Moutarde

1. Dérouler la pâte et la tartiner de moutarde, puis ajouter le fromage rapé.

2. Couper les tomates en rondelles et les disposer par dessus.

3. Ajouter un filet d'huile d'olive et un peu de sel de Guérande sur les tomates. Poivrer.

4. Enfourner a 180 °C pendant 25 minutes.

5. Régaler vos convives !

Mathilde

Le couscous de Denise

INGRÉDIENTS POUR 12 PERSONNES

1 kg de graine de couscous

8 cuisses de poulet

150 g de chair à saucisse

400 g de bifteck haché

800 g d'agneau
Choisir de bons morceaux à n'ajouter qu'en fin de cuisson dans le bouillon

8 grosses carottes

6 courgettes

6 navets

1 gros morceau de potiron taillé en gros morceaux

350 g de pois chiches

Semoule fine

Concentré de tomates

Huile d'olive

ASSAISONNEMENT

Sel, poivre, curry et ail

1 petite boîte de concentré de tomates

1 cuillerée à café de curcuma

1. Dans une poêle avec un peu d'huile d'olive, faire revenir d'abord le poulet (enlever la peau trop grasse) puis l'agneau.

2. Placer les morceaux de poulet dorés dans un grand faitout. Couvrir avec de l'eau, ajouter les épices et l'assaisonnement.
Laisser cuire 30 minutes.

3. Essuyer la poêle avec un sopalin puis y verser le concentré de tomates délayé avec un peu d'eau. Verser dans le faitout.

4. Dans un saladier, verser la chair à saucisse et la viande hachée avec de la semoule fine. Saler et poivrer. Mélanger jusqu'à obtenir une pâte homogène.

5. Faire les boulettes en se mettant de la semoule dans les mains. Remettre un peu d'huile d'olive dans la poêle et faire « croûter » les boulettes lentement. La croûte permet aux boulettes de ne pas se défaire dans le bouillon.

6. Reprendre le faitout, ajouter les carottes, les navets, les courgettes et le potiron, les pois chiches, les boulettes et en dernier l'agneau. Laisser cuire à feu doux pendant une demi-heure.

7. Placer la graine de couscous dans un saladier ou une cuvette large, saler, mouiller abondamment.

8. Dans le couscoussier, faire bouillir de l'eau et placer la graine par moitié dans la passoire. Lorsque la vapeur commence à s'échapper de la graine, elle est cuite pour la première fois. L'enlever, continuer avec le reste et ainsi de suite… Le lendemain, refaire de même.

Courage et bon appétit !
Denise

GROS
Sel
POULE
AU
POT
Crème Fresh

La poule farcie de Poupie

INGRÉDIENTS

Une poule
Sa grosseur dépend du nombre de convives

POUR LA FARCE

Du pain rassis (ou des biscottes)

1 œuf

150 g chair à saucisse

Persil

Le foie de la poule haché grossièrement

POUR LE BOUILLON

2 carottes

2 poireaux

1 gros oignon piqué de 3 clous de girofle

1 branche de céleri

1 bouquet garni

2 cubes de bouillon de poule, un peu de sel

POUR LA SAUCE

80 g de beurre

2 cuillerées à soupe de farine

1 grosse boîte de champignons de Paris émincés

Crème fraîche

Et les jours de fête, une truffe émincée

1. Farcir la poule, rabattre et coudre la peau du croupion.

2. Préparer le bouillon dans une grosse cocotte et y mettre la poule quand il est chaud. La poule doit être couverte par le bouillon. La laisser cuire à petit feu pendant 2 à 3 heures suivant le poids (demander au volailler).

Le leitmotiv de Michel : « il faut beaucoup de sauce pour la poule farcie ».

3. Pour la sauce (qui se fait à la fin de la cuisson) : faire un roux en faisant fondre le beurre puis en y ajoutant la farine. Mouiller avec le jus froid de la boîte de champignons. Bien remuer puis mouiller peu à peu avec le bouillon jusqu'à obtention d'une sauce semi-épaisse. Goûter avant de saler. Poivrer.

4. Ajouter les champignons émincés, des brisures de truffe ou des truffes émincées les jours de fête. Avant de servir, lier avec un peu de crème fraîche.

5. Servir avec un riz blanc ou/et avec des carottes que l'on aura fait cuire dans le bouillon une demi-heure avant de servir.

Et voilà ! Pas si compliqué !
Poupie

La cuisine de « Jeanne Henri »

C'est à Fouras que nous nous retrouvions chaque été pour les vacances, à « Jeanne Henri ». Quatre générations se côtoyaient dans cette petite villa des années 1930 aux modestes dépendances, qui semblait pourtant immense à nos yeux d'enfants. Avec sa salle à manger aux tapisseries d'origine, sa treille de vigne au-dessus de la terrasse et sa villa « Poupette » construite pour les enfants par le grand-père Clément au fond du jardin, elle accueillait au mois d'août toute la famille, redistribuant l'espace au gré des occupants autour de son cœur stratégique : la cuisine.

Cette pièce carrée à l'équipement sommaire était flanquée de deux petits placards si bas qu'ils paraissaient faits pour nous. Sa couleur blanc cassé traversait les étés sans trop de dommages, si ce n'est les petits traits de crayon superposés discrètement sur un mur, témoignant du passage des ans et des générations.

Elle sentait bon cette cuisine.
C'était le domaine de mémé.
Le marché était fait tous les matins aux halles de Fouras par Maurice.
Les menus y étaient délicieux et iodés et, pour notre plus grand bonheur, légumes verts et autres crudités ne figuraient, pour ainsi dire, jamais à la carte de « Jeanne Henri ».
« Boucs » et « solettes » constituaient la base de nos déjeuners.

Tous les matins ou presque arrivaient avec le reste du marché les crevettes grises encore vivantes et les petites soles de la dernière marée que mémé ou mamie Zette feraient cuire patiemment quelques minutes avant notre retour de la plage, pour qu'elles restent bien chaudes. Dans la cocotte d'aluminium cabossée bouillonnaient quelques feuilles de laurier du jardin avec une poignée de sel gris.

On y jetait les boucs.

Au changement de couleur et dès la reprise de l'ébullition, on les sortait du feu dans une passoire et on y jetait quelques grains de gros sel avant de les étaler pour qu'ils refroidissent sur un torchon de grosse toile.
À l'odeur des crevettes se mêlait celle du laurier et la cuisine s'emplissait alors du parfum de notre enfance.

Françoise et Caroline

Les moules à la tomate de Dika

« Vous en sentez encore l'odeur poivrée, légèrement iodée, vous en revoyez les couleurs chatoyantes jaunes, orangées, cuivrées... Vous vous rappelez ce simple régal inimitable et qui restera inimité mais, ça mérite d'être tenté. »

INGRÉDIENTS POUR 4 PERSONNES

2 kg de moules de bouchot
On compte 500 g par personne

100 g de beurre demi-sel
Jamais d'huile d'olive dans la cuisine de mémé « olé point bon »

4 échalotes

1 oignon frais

1 grain d'ail

1 feuille de laurier

1 verre de vin blanc sec, muscadet si possible

1 boîte de 500 g de chair de tomates

Poivre
Pas de sel, le beurre et les moules sont salés

1 morceau de sucre

2 tomates fraîches
Seulement en saison sinon s'abstenir

Jus de citron

USTENSILES

1 grand faitout

1 grande poêle
Qui ne sera jamais celle de mémé, consacrée à ce plat délicieux.

1. Faire fondre la moitié du beurre à feu très doux dans la poêle, ajouter les échalotes et l'oignon coupés finement et faire revenir à feu doux jusqu'à obtenir une consistance fondante.

2. Ajouter les morceaux de tomates fraîches, le cas échéant, et continuer la cuisson à feu doux pendant 5 minutes.

3. Ajouter la chair de tomates, le sucre, le poivre et le grain d'ail coupé en petits morceaux.

4. Laisser mijoter à feu très doux pendant au moins 40 minutes en remuant de temps en temps. Mouiller d'un verre d'eau ou plus si nécessaire. Le mélange doit roussir et caraméliser légèrement.

5. Réserver.

6. Rincer les moules, enlever les barbes s'il y a lieu, arroser d'un jus de citron et égoutter.

7. Dans le faitout, faire fondre l'autre moitié du beurre à feu doux.

8. Mettre les moules, la feuille de laurier et le vin blanc, couvrir et laisser cuire à feu vif pendant 5 minutes.

9. Lever le couvercle, remuer. Les moules doivent être à moitié ouvertes.

10. Éteindre le feu et laisser 3 minutes dans le faitout couvert.

11. Égoutter les moules en conservant le jus à part. Faire bouillir le jus. Séparer les coquilles.

12. On peut aussi mettre les moules entières, c'est moins joli mais tout aussi bon.

13. Faire réchauffer la sauce à feu doux, mouiller d'un verre de jus, laisser réduire à feu doux puis ajouter les moules et laisser réchauffer 2 à 3 minutes.

14. Déguster ! Avec un bon verre de blanc à la santé de Mémé.

Doïnka (Mémé Dika)

Les rillettes de saumon de Poupie

« Cette recette a été sur bien des tables d'apéro de fêtes familiales. »

INGRÉDIENTS POUR 8 PERSONNES
On peut les faire à l'avance

400 g de saumon frais (environ 2 tranches)

2 tranches de saumon fumé

75 g de beurre ou de fromage frais (type St-Môret)

150 g de crème fraîche

1 jus de citron

1 bouquet d'aneth
Je l'aime bien aussi avec de la ciboulette

30 g d'œufs de saumon roses

1. Blanchir le saumon au court-bouillon (ou cuire au micro-ondes) puis l'émietter.

2. Quand il est froid, mélanger avec le saumon fumé coupé en fines lamelles.

3. Ajouter le beurre ramolli, la crème fraîche, les œufs de saumon, le jus de citron ainsi que l'aneth haché ou la ciboulette.

4. Mettre en terrine au réfrigérateur 1 ou 2 jours au moins avant de servir.

5. La sortir du frigo 1 heure avant de servir pour qu'elle ramollisse un peu.

Poupie

beurre
beurre
DEMI SEL
Crème Fresh'

Le merlu de Zette

« Idéal pour les arrivées tardives, il est prêt à être dégusté dès l'apparition des convives, il satisfait les affamés, attend les retardataires et permet à la cuisinière de participer à la conversation. Mémé et Mamie Zette le réussissaient à merveille... À nous maintenant. On l'achète bien sûr sous la halle aux poissons de Fouras ou à la criée de Capbreton, évinçant tout autre fournisseur sauf empêchement majeur. »

INGRÉDIENTS POUR 4 PERSONNES

1 merlu d'1,2 kg vidé par le poissonnier et rincé à l'eau froide
Compter 300 g par personne car une fois la tête et l'arête centrale enlevées, il reste un peu moins d'1 kg, de quoi faire 4 belles parts

3 grains d'ail pelés

2 feuilles de laurier

1 verre de vin blanc sec
Le muscadet est vivement conseillé

1 cuillerée à café de gros sel marin

3 tours de moulin à poivre

1. Dans une poissonnière ou une grande cocotte ovale ou à défaut un très grand faitout, faire bouillir 3 litres d'eau avec le vin blanc, le laurier, l'ail et l'assaisonnement.

2. Quand l'eau bout à gros bouillons, y plonger le merlu, couvrir, baisser légèrement le feu et laisser frémir en surveillant jusqu'à la reprise totale de l'ébullition.
ATTENTION ! Le poisson ne doit pas bouillir.
Compter 10 à 15 minutes maximum selon l'épaisseur du poisson.

3. Éteindre le feu et laisser refroidir le poisson.
Égoutter le poisson.
Enlever la peau, la tête et l'arête centrale et installer le poisson dans un plat ovale.

4. Servir. Entouré de pommes de terre vapeur, saupoudré d'œufs mimosa, il se déguste avec une bonne mayonnaise maison ou une sauce vinaigrette avec de la ciboulette ciselée.
On peut aussi le servir tiède avec un beurre fondu citronné. C'est délicieux mais moins pratique pour la cuisinière.

Mamie Zette

Le poulet du dimanche

1. Prendre une famille au sens large : une famille qui s'aime. Votre famille, vos frères et sœurs, leurs enfants, vos parents, beaux-parents, grands-parents, mariés, remariés – même entre eux, cousins, cousines, oncles, tantes, amis – c'est un ingrédient important si vous en avez – et voisins s'ils appartiennent avec le temps, le cas échéant, à la précédente catégorie.

2. Disposer d'un endroit qui puisse accueillir votre famille. Si vous êtes 5, pour 5. Si vous êtes 20, pour 20. Cela marche aussi pour 100, et c'est bien ! La taille de la table pour le poulet du dimanche est importante, elle doit pouvoir accueillir tout le monde, quel que soit le nombre de convives, elle est extensible. Manger le poulet confortablement et bien entouré, le goût en est toujours meilleur.

3. Ne pas se priver d'allonger la liste à la dernière minute et d'organiser l'évènement régulièrement.

4. Avoir un produit fermier et bio. Pas de poulet du dimanche s'il n'est pas fermier. Local obligatoirement, et bio bien sûr. Toujours compter un demi-poulet, un poulet voire deux poulets de plus car la maîtrise du point 3 est difficile. Certains grands-pères ne mangent que les ailes ou que les cuisses donc prévoir à l'avance...

5. Le fournisseur – c'est recommandé – sera plutôt pittoresque. Exemples : producteur-vendeur sur le marché de Lavaur ou rôtisseurs disjonctés de la halle aux grains. Pour les accompagnements, nous recommandons de la salade verte sauce vinaigrette échalotes ou ail ciselé, gratins de légumes et de pommes de terre. Coté boissons, le vin – sauf pour les enfants – sera abondant, et comme pour le poulet, compter toujours une ou deux bouteilles de plus.

6. Transmettre beaucoup de bonne humeur et de joie d'être ensemble. Si vous croisez une couronne de la Bonbonnière ou un gâteau basque, ne pas hésiter à en ramener. Si vous êtes plutôt une sœur portée sur le fromage ou les pâtisseries, vous pouvez aussi en apporter, c'est toujours apprécié et bienvenu pour finir le vin.

7. Enfin, une fois servis, et pendant la dégustation, prévoir de parler fort, de ne pas être écouté jusqu'au bout de vos phrases sans vous vexer, de vous resservir car le poulet n'est pas trop calorique. Danser après le café si le cœur vous en dit.

8. Repartir le ventre et le cœur remplis. Revenir vite ou dès que vous le pourrez.

Julie & Olivier

Ode à la bouchée royale

« C'est au 4 de la rue Littré qu'un jour Mémé l'a inventée.
Cette recette a donc cent ans, et nous l'avons tous adorée.
Quand on remontait de la plage, dans nos assiettes elle attendait.
Si son nom est prétentieux, elle est facile et bon marché.
Mais elle nous a tant régalés, que ce nom est bien mérité. »

INGRÉDIENTS POUR 4 PERSONNES

300 g de boucs (crevettes grises)

1 baguette

Beurre demi-sel d'Échiré

1. Prendre une demi-baguette, et la beurrer au demi-sel. Bien sûr elle est de chez Conrad, c'est la meilleure, rien de tel. Le beurre, lui, est d'Échiré, petit village saintongeais.

2. Les boucs, il faut les décortiquer bien patiemment, avec amour. C'est ce que l'on a toujours fait, en fourasins depuis toujours. Puis on les dispose sur la tartine.

3. Saliver, croquer, déguster, c'est vraiment tout sauf banal. Notre vraie madeleine de Proust, pour sûr, c'est la BOUCHÉE ROYALE.

Michel

La confiture d'oignons de Maman

« Incontournable sur les tables de fête pour accompagner foie gras, rôtis, volailles, elle rend festifs nos repas du dimanche ou nos restes de viandes. Préparée à l'avance et réservée au frigo, on la réchauffe à feu doux avant de servir. Les restes peuvent se garder plusieurs jours dans un pot de confiture au réfrigérateur ou être congelés. »

INGRÉDIENTS POUR 4 PERSONNES

1 kg d'oignons émincés surgelés
Picard® les a bien épluchés et ça évite de pleurer

50 g de beurre demi-sel

3 morceaux de sucre

1 cuillerée à soupe de miel

1 cuillerée à café de grenadine

Quelques gouttes de Viandox®

Poivre (deux tours de moulin), sel

1. Dans une cocotte, faire fondre le beurre.

2. Ajouter les oignons, le sucre, le poivre, le miel.

3. Faire cuire à feu doux en remuant fréquemment pendant au moins 1 heure. Ajouter un peu d'eau si nécessaire.

4. Goûter, rectifier l'assaisonnement en salant si nécessaire. Les oignons doivent être très fondants et le mélange brun doré.

5. Ajouter la grenadine et le Viandox® et laisser mijoter à feu doux un quart d'heure ou plus selon la consistance.

Françoise

beurre
DEMI SEL
beurre
DEMI SEL

la vinaigrette
BRUNO'S
SAUCE
VIAN DOX

La vinaigrette de Bruno

« Stop aux vinaigrettes d'hermaphrodites polymorphes ! Comme disent les grands chefs : une bonne vinaigrette doit être forte et abondante. »

INGRÉDIENTS

1 tiers d'huile d'olive
3 cuillerées à soupe

1 petit tiers de vinaigre de vin
1 cuillerée à café

1 tout petit tiers de balsamique
1 cuillerée à café

Viandox®

½ échalote

1 œuf

Ciboulette

Sel, poivre

1. Mélanger l'huile d'olive, le vinaigre et le balsamique dans un récipient *ad hoc*.

2. Ajouter quelques gouttes de Viandox®.

3. Couper finement l'échalote (utiliser une lame de rasoir).

4. Écraser l'œuf bien dur (blanc et jaune).

5. Saler, poivrer et ajouter la ciboulette coupée finement.

6. Laisser tremper 1 heure avant de servir.

Bruno

COCO
BAUNAT
XXL
JAMBON
CHEDDAR FONDU
Cola
mingles

Le sandwich triangle de l'aire d'autoroute

Il est mou, industriel, emballé dans un gros contenant de plastique laid.
Il y en a pour tous les goûts : poulet, jambon, carottes râpées, crudités, avec ou sans mayo, avec ou sans croûte, XXL, etc.
Pour les plus sensibles, il existe même garni de produits A.O.P, ou au pain semi-complet.
On n'en a jamais vraiment envie pendant l'année, et pourtant...
Le goût des vacances, le goût des départs, c'est lui : le sandwich triangle de l'aire d'autoroute.

On est partis vite, après une petite engueulade parce qu'on est trop chargés, la voiture pleine à craquer et l'envie de partir en vacances puissance 1 000.
Avant le départ, on aura bien prévenu les parents : « Pas la peine de nous attendre pour le déjeuner, on ne sait pas à quelle heure on part. »
À l'arrière, les enfants sont déjà affamés et, avouons-le, nous aussi. Il est 11 h 32.
Panneau après panneau arrive enfin le tant attendu « Aire des Pyrénées - 20 km ».
On y pense déjà, au format XXL avec mayo, bien sûr, car on aime le triangle dans sa version la plus riche, sinon, il n'a franchement aucun intérêt.
Soudain, la voiture ralentit et la voici, l'aire des Pyrénées, avec son étrange sculpture de l'artiste Jean-Bernard Métais, rendant hommage au Tour de France.
On respire, on se détend, sur ce bitume qui sent l'essence... Il est enfin venu le temps de déguster le fameux sandwich triangle.
On se sent bien, on est léger. On ne raterait pour rien au monde cette fenêtre de tir ouverte sur le lâcher prise, sur cette malbouffe qui nous coûtera finalement le prix d'un restau semi-gastronomique.
On s'autorise même à lancer aux enfants un joyeux : « Prenez un gros paquet de M&M's® pour le dessert, on le partagera, et du Coca... Ah et des glaces si vous voulez, il fait chaud, ça vous fera du bien... Ok pour les bonbons aussi... Si jamais il y avait du monde sur la route. »
Une fois passés à la caisse, on trouvera un petit coin dehors pour grignoter notre triangle et sa farandole d'accompagnements (avec un triangle, le tube de Pringles® est toujours bienvenu).
Repus, à l'ombre du soleil d'été, les vacances commencent enfin.

Vivement le 5 juillet et son savoureux sandwich triangle, sur l'aire des Pyrénées.

Caroline

Le pâté de Malou

INGRÉDIENTS
Prévoir d'en faire au moins pour 10 pots

1/3 de foie de canard

1/3 de foie de porc

1/3 de lard blanc poivré

1 cuillerée à café de curcuma

Sel poivre

1. On fait hacher le foie de porc et le lard par un charcutier. On y ajoute le foie de canard en dés. Bien saler, bien poivrer, assaisonner de curcuma.

2. Remplir des bocaux aux ¾.

3. 3 heures de cuisson dans une cocotte remplie d'eau en calant les bocaux avec des torchons.

4. Dévisser les bocaux, les frotter et les revisser. Un seul défaut : il se consomme très très vite !

La tartine vue par Chacha

Dermatologue et amatrice de pâté

Certains vous diront qu'il n'y a pas de repas sans fromage… Pour moi, c'est sans tartine de pâté et, évidemment, celui de Malou. Mais attention, plusieurs règles sont à respecter :

– Elle est meilleure avant le repas, quand la table est bien mise et qu'en douce on pique une bordure de la tranche en faisant tomber quelques miettes de pain sur la nappe immaculée.

– La quantité de pâté doit être généreuse : pas de délicatesse dans la tartine de pâté. On n'étale pas le pâté : il doit y avoir du relief.

– On se sert en premier pour pouvoir se resservir rapidement.

– Et enfin, bien entendu, elle est divine en dehors des repas.

Charlotte

Malou

Le Mamakini de Camille

INGRÉDIENTS

Tranche de pain de mie de chez le boulanger

Philadelphia®

Cheddar

Jambon blanc de chez Garcia

Tranche de pain de mie de chez le boulanger

Jambon blanc de chez Garcia

Cheddar

Mozzarella

Tranche de pain de mie de chez le boulanger

Empiler les ingrédients dans l'ordre.
Faire chauffer dans une machine à croque-monsieur et ajouter de l'amouuuuuur !

Foncez vous régaler de croque-monsieur délicieux chez MAM (sur place ou à emporter) ! Un restaurant où Camille et Olivier sauront vous recevoir. Un bon croque, de la bonne musique et en prime, le sourire de la patronne.

MAM
1, rue du Rempart Villeneuve
31000 Toulouse

Camille

Mam

La salade de Mélanie

INGRÉDIENTS

Haricots verts très fins

1 poignée de noisettes

1 échalote

Huile de noisette

Huile d'olive

1 petit bloc de foie gras

Gros sel

1. Cuire les haricots verts, il doivent rester fermes.

2. Concasser les noisettes grossièrement.

3. Couper finement et faire revenir l'échalote dans un peu d'huile d'olive.

4. Couper en dés le bloc de foie gras.

5. Une fois les haricots verts refroidis, ajouter l'échalote et les dés de foie gras.

6. Ajouter un peu d'huile de noisette, de gros sel et les noisettes concassées.

Mélanie

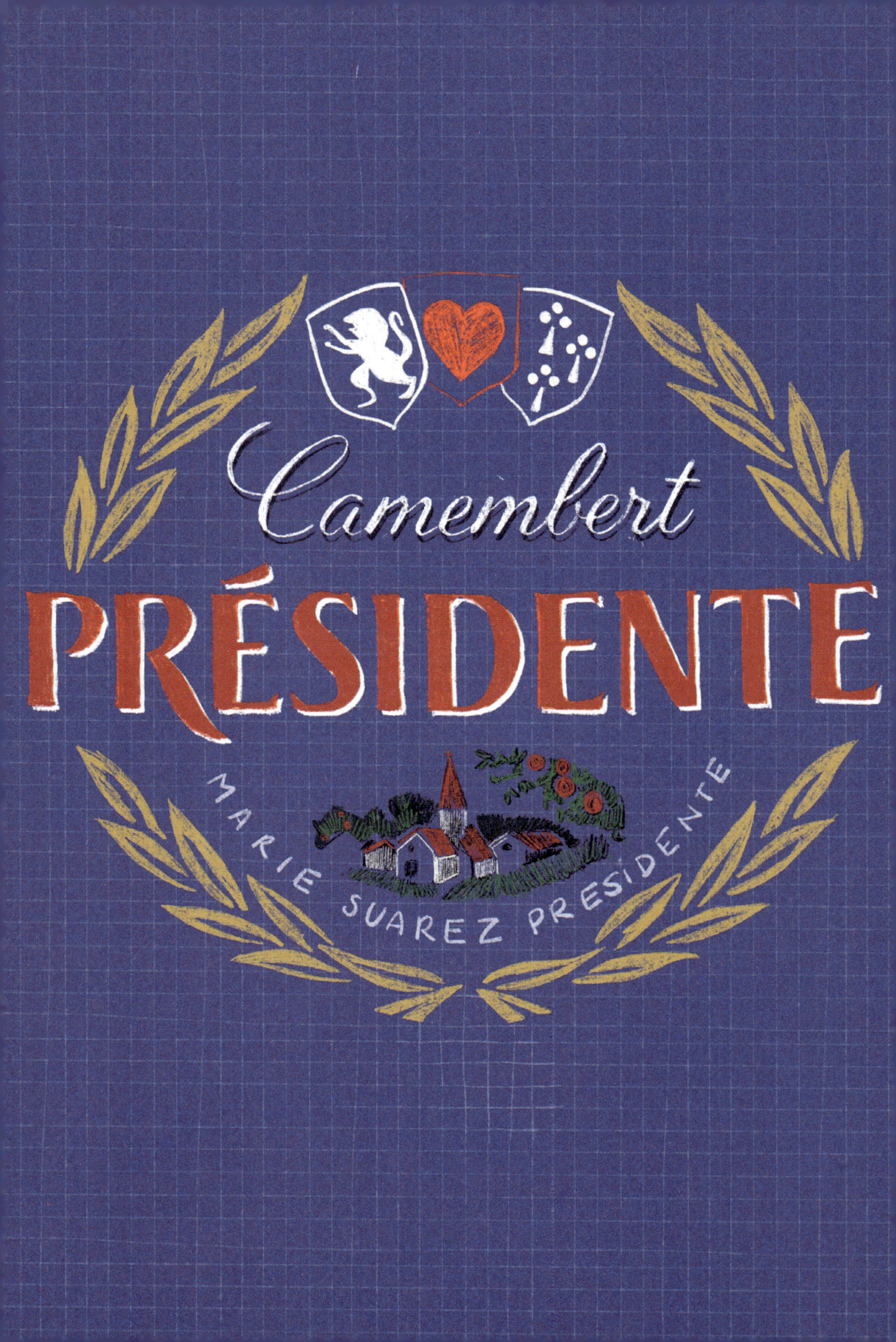
Camembert
PRÉSIDENTE
MARIE SUAREZ PRESIDENTE

La re[su]cette du camembert

Si le camembert pouvait parler, il nous dirait bien des choses. Le pauvre, le camembert est la première victime des fromages, et ce, chiffres à l'appui. Il est le plus touché par les ***camembertnivores***.

Pour rappel, le ***camembertnivore*** est un bipède glouton qui développe une frénésie compulsive pour les produits laitiers issus de la ferme, de préférence non pasteurisés, à pâte molle et à la croûte fleurie, venus tout droit de Normandie.

Le ***camembertnivore*** n'est pas forcément, lui, natif de Normandie car cette pathologie s'est développée telle une véritable pandémie au sein de l'hexagone, puis au fil des déplacements multiples des malades non dépistés, à l'ensemble des pays industrialisés. Si nous ne parlons pas, paradoxalement, encore de fléau, le camembert, le vrai, est une espèce en danger en voie de disparition ; trop de ***camembertnivores*** restant encore en liberté et non confinés. Si nous souhaitons identifier les symptômes, les signes compulsifs se manifestent chez les malades de tous âges et à tout moment de la journée. Ils peuvent survenir au moment du petit déjeuner, comme dans la matinée, l'après-midi, ou encore au moment des repas dans un ordre anarchique. Les ***camembertnivores*** les plus atteints peuvent également être dérangés par les symptômes durant la nuit, cela ayant un impact direct sur la qualité de leur sommeil (ce syndrome, moins connu, est qualifié de ***camembulisme***).

Revenons quand même sur le signe le plus fréquemment observé. Le ***camembertnivore*** a une pratique de dégustation bien à lui apparentée à une recette. Si le malade n'est pas encore dépisté, nous remarquerons qu'il est sujet au syndrome de la re[su]cette dans 100 % des cas. Le camembert est, au départ, attaqué avec délicatesse. Il est invité à se prélasser sur une farine de blé artisanale authentique ou plus sophistiquée et se déguste le plus souvent avec un grand cru. Mais le ***camembertnivore*** est pris au piège dès la première bouchée et se jettera inévitablement sur sa croûte fleurie, pour dévorer cette onctueuse pâte molle jusqu'à la disparition totale des traces lactées sur l'assiette. La durée de vie du camembert se situe dans ce cas à une moyenne très faible, soit une dizaine de minutes, entre l'entame et la disparition totale de la victime.

Si le ***camembertnivore*** est au-dessus du stade 12 (début de la phase finale), il aura déjà agressé les convives étant assis à sa table et provoqué un drame. Je suis donc au regret de vous annoncer à la suite de cette analyse comportementale, que j'ai été dépistée au stade incurable de la maladie, qui dépasse à ce jour le stade 15 sur une échelle de 12. Le syndrome de la re[su]cette ayant flambé depuis déjà de nombreuses années. Je déclare sur l'honneur que je refuse tout traitement curatif et que je souhaite rester confinée avec mes camemberts en captivité.

Je vous aime très fort.

Marie

noizella
DE JEANNE
Choc
LE DELICIEUX
Crème Fresh'
ervais
PETIT SUISSE

Crème Fresh'
Choc
LE DELICIEUX
noizella
DE JEANNE
ervais
PETIT SUISSE

SUCRÉ

Les petits gâteaux de Nana

INGRÉDIENTS

4 œufs

1 verre d'huile

1 verre de sucre

1 sachet de levure

1 zeste de citron ou d'orange

450 g de farine

1. Mettre un beau manteau de fourrure, ou une petite veste Chanel®.

2. Mélanger les ingrédients, dans l'ordre.

3. Étaler la pâte et la découper en petits rectangles.

4. Les placer sur une plaque recouverte de papier cuisson.

5. Enfourner 20 minutes à 180 °C.

6. Conserver les biscuits dans une jolie boîte, s'il en reste.

Nana

Les pancakes de Jeannou

« Si vous êtes un petit enfant, il vous faut avant tout, pour cette recette, un parent bien reveillé... »

INGRÉDIENTS POUR 4 PERSONNES

150 g de farine de blé

20 cl de lait

2 œufs entiers

½ sachet de levure chimique

1 cuillerée à soupe de sucre en poudre

1 cuillerée à soupe d'huile de tournesol (pour la cuisson)

1 pincée de sel fin

1. Dans un saladier, tamiser la farine de blé puis ajouter la levure chimique, la pincée de sel et le sucre en poudre.

2. Mélanger tous les ingrédients ensemble à l'aide d'une cuillère en bois.
Creuser ensuite un puits au centre puis casser les œufs dedans.

3. Mélanger à nouveau pour incorporer les œufs à la pâte à pancakes sans beurre.

4. Puis, délayer avec le lait sans cesser de mélanger.

5. Utiliser ensuite un fouet pour bien mélanger la préparation jusqu'à obtenir une pâte lisse et sans grumeaux.

6. Laisser reposer.

7. Huiler légèrement une poêle puis la chauffer à feu moyen. Lorsque la poêle est chaude, verser à l'aide d'une petite louche la pâte à pancake en plusieurs ronds.

8. Cuire 1 minute les pancakes avant de les retourner.
Les pancakes doivent être bien dorés de chaque côté et former de petites bulles à la surface.

9. Déguster avec une bonne dose de Nutella® et quelques myrtilles avant de partir à l'école ou de vous recoucher !

Jeanne

noizella
DE JEANNE

Le cake au citron d'Émile

« D'après la recette d'Hélène Darroze, tout de même. »

INGRÉDIENTS

155 g de farine

8 g de levure chimique

55 g de beurre

4 œufs

180 g de sucre

80 g de crème épaisse

Zestes de 2 citrons

1 bouchon de limoncello

1. Tamiser ensemble la farine et la levure.

2. Faire fondre et laisser tiédir le beurre dans un saladier. Casser les 4 œufs, ajouter le sucre et une pincée de sel. Mélanger.

3. Ajouter la crème, les zestes de deux citrons et le limoncello (ou à défaut le jus de 2 citrons).

4. Ajouter petit à petit cette préparation ainsi que le mélange farine-levure au beurre fondu.

5. Verser dans un moule à cake beurré puis enfourner 40 minutes dans un four préchauffé à 170 °C.

6. Pour le sirop, mélanger 210 g d'eau, le sucre et le jus des 2 citrons. Porter à ébullition.

7. Une fois le cake cuit, le démouler et le poser sur une grille, posée sur une assiette. Laisser tiédir.

8. Verser le sirop petit à petit pour qu'il soit bien imbibé.

9. Enfin, pour le glaçage, battre rapidement un blanc d'œuf et ajouter le sucre glace ainsi que le jus d'un citron.

10. Laisser reposer 10 minutes et répartir uniformément sur le cake au citron, seulement quand celui-ci est bien froid.

Émile

Le secret du bonheur

Christophe Plantin 1520-1589

Voici « Le bonheur de ce monde », le sonnet qui a trôné dans le bureau de tonton tout au long de notre enfance puis chez Zette et Maurice au Pradou. Il est certes fort ennuyeux et tristement obsolète mais nous nous régalions Michel et moi de le lire à haute voix en prononçant les « s » comme des « f » selon la calligraphie de ce faux parchemin jauni dans son cadre mordoré. Michel m'en ayant laissé la garde, je n'ai pu me résoudre à m'en débarrasser. J'aurais eu l'impression de perdre encore un peu de notre tonton et un petit bout de notre enfance.

Alors le voici...

Avoir une maifon commode, propre & belle
Un jardin tapiffé d'efpaliers odorans
Des fruits, d'excellent vin, peu de train, peu d'enfans
Poffeder feul, fans bruit une femme fidèle

N'avoir dettes, amour, ni procès, ni querelle,
Ni de partage à faire avecque fes parens,
Se contenter de peu, n'efpérer rien des Grands
Régler tous fes deffeins fur un jufte modèle.

Vivre avecque franchife & fans ambition,
S'adonner fans fcrupule à la dévotion,
Domter fes paffions, les rendre obéiffantes,

Conferver l'efprit libre, & le jugement fort,
Dire fon Chapelet en cultivant fes entes,
C'eft attendre chez foi bien doucement la mort.

Françoise

Lait Léger
beurre
DEMI SEL
Frais
Frais
PETIT SUISSE

Le gâteau au tapioca de Yaya

« Un très bon goûter pour petits et grands qui m'a rabibochée avec le tapioca... »

INGRÉDIENTS

½ l de lait

100 g de tapioca

125 g de sucre

75 g de beurre

3 œufs

4 petits-suisses ou 2 yaourts entiers

Zeste d'1 citron

1 gousse de vanille

1. Faire bouillir le lait, le beurre, le sucre, la vanille et le zeste de citron.

2. Quand cela bout, ajouter le tapioca en pluie tout en remuant pour éviter les grumeaux et compter 5 minutes sans cesser de remuer.

3. Battre les œufs entiers et les petits-suisses ou yaourts.

4. Mélanger le tout délicatement et verser dans un moule à manqué. Beurrer très légèrement celui-ci.

5. Faire cuire au four à 180 °C pendant 45 minutes.

6. Surveiller et quand le gâteau commence à dorer, ajouter sur le dessus quelques petits morceaux de beurre.

7. Démouler et laisser refroidir ou déguster tiède.

Yaya

Les œufs à la neige de mémé Germaine

INGRÉDIENTS POUR 6 PERSONNES

6 œufs entiers

170 g de sucre semoule

1 sachet de sucre vanillé (ou 1 gousse de vanille)

1 pincée de sel fin

Lait

POUR LE CARAMEL

10 morceaux de sucre n° 4

Quelques gouttes d'eau

Quelques gouttes de jus de citron pour le caramel

1. Séparer les blancs des jaunes d'œufs. Battre les blancs d'œufs en neige très ferme avec la pincée de sel fin. Saupoudrer avec 50 g de sucre semoule et battre à nouveau.

2. Faire chauffer le lait dans une grande casserole. À l'aide de deux cuillères à soupe, former une boule de blanc d'œuf et la faire glisser dans le lait frémissant. La retourner au bout de 15 secondes et faire pocher l'autre côté pendant 10 secondes à peine.

3. Renouveler l'opération jusqu'à épuisement des blancs d'œufs.

4. Égoutter les boules de blanc d'œuf sur un linge sans les superposer.

5. Filtrer le lait.

6. Dans une terrine, fouetter les jaunes d'œufs avec 120 g de sucre semoule et le sucre vanillé. Lorsque le mélange est mousseux, verser le lait chaud en remuant sans arrêt.

7. Transvaser dans une casserole et faire cuire à feu doux sans cesser de remuer jusqu'à ce que la crème nappe la cuillère (elle ne doit surtout pas bouillir).

8. Verser la crème dans un grand saladier ou une grande coupe ou terrine. Disposer les boules de blancs en neige sur le dessus.

9. Préparer un caramel blond avec 10 morceaux de sucre, quelques gouttes d'eau et de citron (à peine). Verser sur les œufs à la neige.

10. Réserver au réfrigérateur.

Germaine

Conrad
BOULANGERIE
FOURAS

La galette de chez Conrad

« Pas de repas sans galette, papy Maurice ne l'aurait pas permis. De chez Conrad bien sûr, la galette. Mais papy Maurice est parti et Monsieur Conrad aussi, alors pour perpétuer la tradition, voici la recette. »

INGRÉDIENTS POUR 4 PERSONNES

100 g de beurre mou doux

50 g de beurre demi-sel

300 g de farine

120 g de sucre

1 œuf entier

1 zeste de citron

1 bâton d'angélique découpé en petits morceaux

1. Mélanger le tout.

2. Faire une boule.

3. Étaler à la main dans un moule à tarte beurré sur au moins 1 centimètre d'épaisseur.

4. Strier à la fourchette en diagonale.

5. Cuire à four très chaud pendant 10 minutes.

6. Vous verrez, ça sent la maison de Fouras !

Maurice

La millassine de mamie Renée

« Un dessert facile, bon marché, faisable en été comme en hiver et qui peut voyager facilement chez les copains un week-end, si on retient les proportions ! »

INGRÉDIENTS POUR 4 PERSONNES

12 cuillerées à soupe rases de sucre en poudre

12 cuillerées à soupe rases de farine

1 sachet de sucre vanillé

4 œufs entiers

1 litre de lait (entier c'est mieux, sinon demi-écrémé)

Une rasade d'alcool si on en a

Fruits de saison

1. Mélanger le tout, sauf les fruits.

2. Ajouter à la pâte quelques fruits de saison coupés en gros morceaux : pommes, poires l'hiver, framboises, abricots l'été. Le mélange pomme-poire est excellent, pomme-framboise aussi.

3. Faire cuire dans un plat en verre ou en terre beurré, pendant 1 heure : d'abord 10 minutes à four chaud (210 °C), puis 45 minutes à 180 °C. Il faut compter 2 petites heures avant de le déguster.

4. Ce dessert peut se consommer un peu tiède.

Renée

LES AMERICAINS

Le restaurant des grands-parents

Ce restaurant, je suis la seule des petits-enfants de la famille à ne pas l'avoir connu.
Quand j'étais petite, ma grand-mère avait retrouvé un exemplaire de la carte du restaurant et me l'avait donnée. Miraculeusement, je l'ai conservée et elle se trouve aujourd'hui dans ma bibliothèque.

L'illustration en face de ce texte est la réplique de la couverture de la carte.

Longtemps, j'ai pensé que ce bonhomme à l'air peu sympathique était mon grand-père. Mais connaissant le personnage, je savais au fond de moi que ça ne pouvait être lui. Fils d'immigré espagnol, élevé à la dure, se faire tirer le portrait (même celui-ci) n'était pas vraiment le genre de la maison.

La seule lecture de cette carte témoigne de temps révolus et savoureux.
En entrée, cœurs de palmier, saumon fumé, champignons à la grecque, œuf en gelée, alouette farcie étaient au menu. Venaient ensuite les petits pois jambon, saucisse de Toulouse, cervelle d'agneau meunière, escargots de Bourgogne, tournedos Rossini et autres cassoulets au confit...
Pour le dessert, le chef y proposait des tartes aux fraises (en saison), café ou chocolat liégeois, crème caramel ou salade de fruits au kirsch.

Je n'ai jamais su pourquoi le restaurant s'appelait Les Américains... mais je sais que l'établissement était gigantesque. Et je revois ma grand-mère, le doigt en l'air et le regard fier, raconter qu'à l'époque, Les Américains était « la plus grande brasserie de France ».
Cocorico !

Caroline

La charlotte d'Étienne

INGRÉDIENTS POUR 4 PERSONNES

1 boîte de poires au sirop

250 g de fromage blanc

250 g de mascarpone

1 gousse de vanille

3 cuillerées à soupe de sucre

1 grosse boîte de biscuits à la cuillère

1 bouchon de rhum

1. Couper les poires au sirop en petits dés. Conserver le sirop dans un bol.

2. Mélanger dans un saladier le fromage blanc, le mascarpone, la vanille et le sucre.

3. Ajouter les dés de poires et le petit bouchon de rhum.

4. Tremper les biscuits dans le sirop.

5. Tapisser le fond et les bords du moule à charlotte avec les biscuits.

6. Verser une bonne dose de la préparation au fromage, mascarpone et poires.

7. Tapisser à nouveau de biscuits.

8. Verser le reste de la préparation et tapisser à nouveau de biscuits.

9. Placer au frais pendant 4 heures minimum.

Étienne

Les pêches au Porto de Poupie

« Un bon dessert d'été facile à faire la veille! »

INGRÉDIENTS

1,5 à 2 pêches jaunes par personne

1 cuillerée à soupe de sucre pour 1,5 pêche

Porto rouge au pif!
Je dirais une bouteille pour 12 personnes?!

Menthe fraîche et cannelle en bâton

1. Peler les pêches jaunes (c'est mieux, elles sont plus fermes) les couper en morceaux assez gros (6 tranches par pêche).

2. Mettre le sucre et remuer. Réserver.

3. Faire chauffer le porto avec la cannelle et 3 à 4 branches de menthe fraîche. Attention, il ne doit pas bouillir.

4. Enlever la menthe.

5. Verser le porto sur les pêches. Bien enfoncer la cannelle entre les pêches.

6. Remettre de la menthe fraîche dans le mélange.

7. Mettre dans le frigo au minimum 12 heures (un peu plus, c'est encore mieux).

Poupie

Bella Cruz
DEPUIS DESDE
1887
Bella
CRUZ
CASTILLO
DESDE
1887

FARINE
Lait

La crème pâtissière au micro-ondes de Fred

« À présenter dans des petits pots en verre ou à utiliser en fond de pâte pour les tartes aux fraises. »

INGRÉDIENTS POUR 4 À 6 PERSONNES

3 jaunes d'œufs

50 g de sucre

½ sachet de vanille

20 g de farine

330 ml de lait

1. Mélanger les ingrédients au fouet, l'un après l'autre, dans un récipient avec couvercle qui passe au micro-ondes.

2. Fermer le couvercle et faire cuire 2 minutes 30 à pleine puissance.

3. Ouvrir, donner un coup de cuillère et faire cuire à nouveau 2 minutes 30.

4. Ouvrir le couvercle, mélanger et laisser reposer 5 minutes à couvert.

Fred

Choc
LE DELICIEUX

La mousse au chocolat de Martine

***« Recette très facile et économique !
Vous pouvez y ajouter quelques zestes d'orange râpés...
mais exclusivement pour les plus grands.
Pour les petits, servir la mousse juste comme ça. »***

INGRÉDIENTS POUR 6 PERSONNES

6 œufs

1 tablette de chocolat à dessert noir

1. Faire fondre le chocolat cassé en petits morceaux au bain-marie ou à feu doux pendant 4-5 minutes.

2. Lorsqu'il est complètement fondu, remuer délicatement pour obtenir une pâte lisse. Retirer du feu et laisser tiédir.

3. Casser les œufs en séparant les blancs des jaunes.
Ajouter un peu de sel dans les blancs et les battre en neige très ferme.

4. Verser peu à peu le chocolat fondu sur les jaunes d'œufs en mélangeant énergiquement.

3. Avec une spatule, incorporer délicatement 1/3 des blancs d'œufs battus, puis ajouter le reste progressivement en soulevant la préparation de bas en haut pour bien répartir le chocolat sans faire retomber les blancs.

4. Répartir dans 6 verrines et faire prendre la mousse au chocolat en la laissant 3 heures minimum au réfrigérateur. Servir bien frais.

Martine

Les roudoudous

« Un rituel familial à observer dès que commencent les vacances à la mer... »

INGRÉDIENTS POUR 8 À 10 ROUDOUDOUS

POUR LE CARAMEL :

15 cl d'eau

250 g de sucre

Quelques gouttes de citron

1. Pour commencer, il faut partir à la recherche de beaux coquillages, plutôt grands, pas ébréchés, ceux qui arrivent avec la vague de bord... et repartent souvent avant qu'on ait eu le temps de les ramasser !

2. Ensuite, bien laver et sécher les coquillages. Les déposer sur une plaque (un moule à tarte fera l'affaire) légèrement huilée.

3. Préparer un caramel. Verser le sucre et l'eau froide dans une casserole.

4. Ajouter quelques gouttes de jus de citron.

5. Porter à ébullition sans remuer.

6. Lorsque le sucre commence à colorer, remuer délicatement la casserole pour répartir le caramel sans éclabousser les parois.

7. Quand il devient bien blond et qu'il fait des bulles (on ne le quitte pas des yeux), on le verse rapidement dans les coquilles. Attention, ça brûle ! Enfin, il suffit d'attendre un tout petit peu avant de déguster tranquillement son roudoudou et de retomber en enfance.

Les petits enfants

KAFA

Le sorbet à la framboise de Mimi

INGRÉDIENTS POUR ENVIRON 10 BOULES

80 g de sucre

500 g de fruits frais ou surgelés (ici, des framboises)

2 cuillerées à café de jus de citron

1 blanc d'œuf

1. Dans le bol d'un mixeur, verser le sucre en poudre. Mixer jusqu'à obtention d'une poudre lisse.

2. Ajouter les 500 g de framboises (ou autres fruits de votre choix), le jus de citron et le blanc d'œuf. Mixer le tout en augmentant progressivement la vitesse du mixeur pour avoir un mélange homogène.

3. Verser dans un Tupperware® et mettre au congélateur. Sortir 5 minutes avant de déguster.

Mimi

La recette du café

Il y a longtemps fut établit dans une famille du sud de la France, qu'il serait d'usage, dès la fin des repas, de précipiter la plus jeune des filles de la famille vers la machine à café, pour préparer un merveilleux breuvage. Il faudrait le servir sur le champ aux membres de la communauté.
Un jour, la délicate jeune fille à laquelle incombait la tâche osa questionner les aînés :
« Père, mère, pourquoi moi ?
– Tu es l'élue car tu es la plus jeune. »
Émue et fière de ce nouveau statut, elle s'adonna sans relâche, avec application et bonté, à sa nouvelle fonction. Encore jeune et peu expérimentée, les membres de la famille l'interpelaient en fin de repas pour lui rappeler sa mission. « Caro... » disaient-ils sans rien ajouter. C'était devenu un mode de fonctionnement. Elle se levait, préparait, servait puis savourait la joie qu'elle procurait à toute l'assemblée, grâce à cette boisson nacrée.
Un jour, une jeune femme en raison de son mariage avec le fils de la famille, put observer cet étrange manège. Prise de curiosité et très certainement de compassion, elle accompagna sa jeune belle-sœur dans les antres de la cuisine familiale.
« Pourquoi es-tu toujours la seule à te lever au moment du café ?
– Car je suis la plus jeune ! » lui asséna-t-elle comme une évidence.
Ce jour-là, dans le plus grand secret, elles scellèrent un pacte : « Je suis là, je t'aiderai à l'avenir. Tu ne seras plus jamais seule. »
Ainsi, de génération en génération, se passera le flambeau honorifique de préparateur du café, le soir même du 18e anniversaire du nouveau membre de la famille...

Ingrédients : eau, café, machine à café, tasses et sous tasses, deux belles sœurs, et très rarement pour les invités, du sucre.
Temps de préparation : dépend du nombre de convives. Le plus important reste la préparation mentale (savoir compter le nombre potentiel de cafés ou décas à servir et s'en souvenir). Une préparation physique est aussi vivement conseillée, un bon niveau d'endurance est requis pour le service.
Niveau de difficulté : facile à très difficile. La difficulté s'évalue en fonction de l'ambiance du repas, de la qualité des vins et du nombre de personnes déjà attablées.
Qualités nécessaires : l'adaptabilité ! À tout moment, des buveurs supplémentaires peuvent passer à l'imprévu « juste pour prendre un petit café, sans déranger ». Courage, abnégation et adresse donc, aussi...
Mon conseil : si vous tentez cette recette pour la première fois, prévoyez un repas avec peu d'invités et gardez vos sens en éveil, ne buvez pas trop. Choisissez un environnement que vous connaissez bien, il serait mal vu de confondre la porte de la cuisine avec celle des toilettes. Sollicitez le chaperonnage de votre mère ou de votre jeune tante dès le jour de vos 18 ans...

Julie

Le parfait
Confiture d'oignons
MATH
MATH
L'Originale
POULET du GERS

ANNEXES

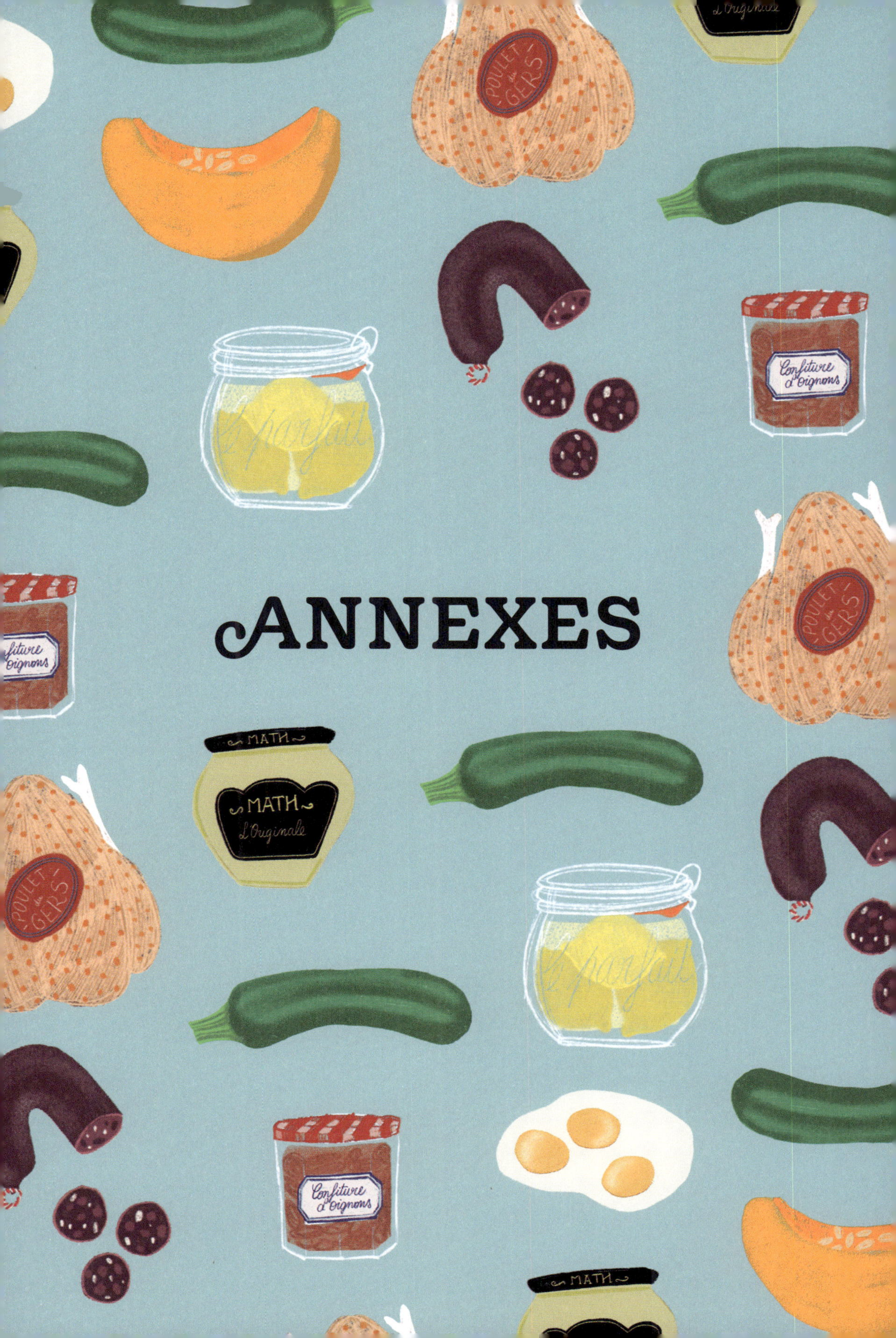
POULET du GERS
Confiture d'oignons
MATH
MATH
L'Originale
le parfait

INGRÉDIENTS :

INGRÉDIENTS :

INGRÉDIENTS :

INGRÉDIENTS :

INGRÉDIENTS :

INGRÉDIENTS :

INGRÉDIENTS :

INGRÉDIENTS :

INGRÉDIENTS :

INGRÉDIENTS :

INGRÉDIENTS :

INGRÉDIENTS :

INGRÉDIENTS :

INGRÉDIENTS :

Table des recettes

SALÉ

SUCRÉ

Index des recettes

Crème Fresh'

Index par ingrédients

Merlu

Moule

Œuf

Oignon

Pain

Pâte brisée ou feuilletée

Pêche

Poire

Porc

Porto

Poulet

Saumon

Tapioca

Tomate

Vanille

Veau

Vinaigrette

Vous pouvez découvrir les réalisations de Caroline Suarez sur Instagram : *@carolinesuarezstudio.*

Remerciements

Ce livre est dédié à mes enfants, Jeanne et Émile.

À ma maman, meilleure correctrice après Bernard Pivot ; merci pour le soutien infaillible et pour la fierté dans tes yeux tout au long de ce travail. Merci à mon père, pour cette même étincelle. Il n'y a pas plus belle motivation pour un enfant, même quand il est grand.
Merci à Zette, pour le titre, les bons petits plats, le chocolat volé dans le placard, et les petits anges dorés au-dessus de nos lits.
Merci à Étienne, de savoir rire avec amour et tendresse de mes erreurs de perspectives. Celles de mes dessins et celles de la vie.
Merci à Jeanne, Émile, Olivier, Julie, Marie, Mélanie, Titou, Cha, Sophie, Martin, Poupette, Michel, Brigitte, Mathilde, Françoise, Martine, Fred, Julie et Camille d'avoir contribué à ce livre, qui n'aurait jamais eu cette saveur sans votre participation.
Merci aussi à ceux qui ne figurent pas dans ces pages et qui pourtant contribuent à mon joyeux quotidien ; mes amis précieux ainsi que mes compagnons de route de l'atelier : Charlotte Ladoux, TILT et Benjamin Roudet.
Merci à cette formidable ribambelle de petits cocos : Jean, Emma, Brune, Yon, Max, Auguste, George, Juliette, Louise, Marguerite, Rosalie, Étienne, Justin, Raphaël, Romane, Garance, Isaure, Marius, Joséphine, Violette, Roméo, Joseph et Juliette.
Merci à Joseph Suarez.
Merci à Malou, d'avoir été cette grand-mère-là.
Merci pour la petite voix, toujours là, qui me dit : « Hauts les cœurs mon chou ! »
Merci à Agathe Masson, d'avoir cru en ce projet et de l'avoir rendu possible.

Photogravure : Chromostyle
Achevé d'imprimer en août 2022
sur les presses de Drukarnia Interak
Dépôt légal : août 2022
Imprimé en Pologne

MALOU & JO

ZETTE & MAURICE

FRANÇOISE

MAURICE

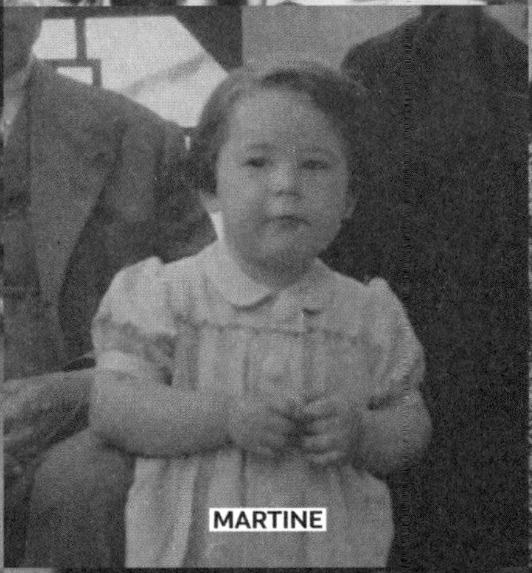
MARTINE

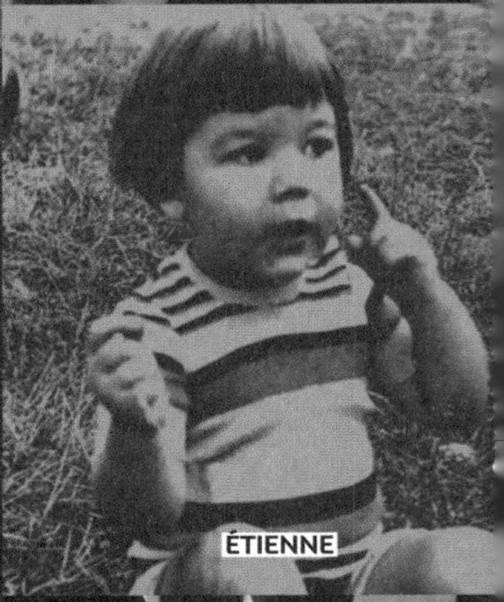
ÉTIENNE

MATHILDE

JU.M & CARO

MARIE & OLIVIER

ÉMILE & JEANNE

JEAN, BRUNE & EMMA

GEORGES & AUGUSTE